100 OROMO WORDS FOR KIDS

IN PICTURES

Contributions by

A. Jamal

[1] Sinbirroo
Halkanii

[3] Saatawwaa

[2] Lukkuu

[4] Saree

[5] Qoronguddaa

[7] Jawwee

[6] Qurxummii

[8] Hantuuta

[9] Arba

[11] Re'ee

[10] Farda

[12] Sinbira

[13] Leenca

[14] Billaacha

[15] Saawwa

[16] Jaldeessa

[17] **Adurree**

[19] **Raacha**

[18] **Naacha**

[20] **Daakiyyee**

[21] Boqqolloo

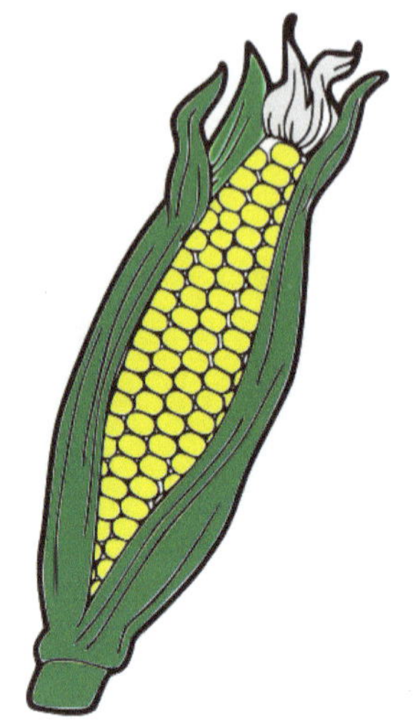

[22] Qaaraa

[23] Kudraa fi muduraa

[24] Loozii

^[25] **Baaqelaa**

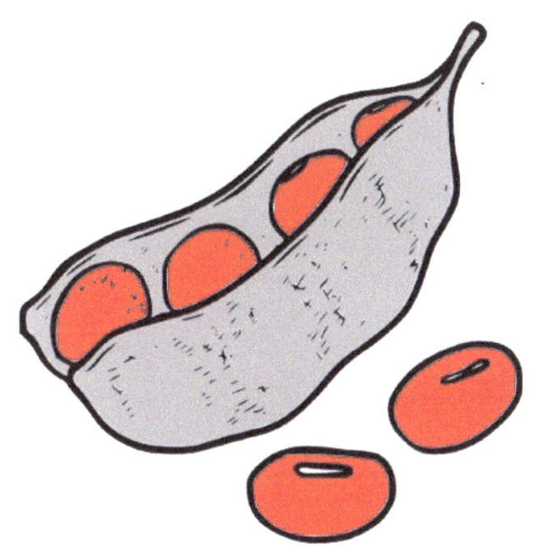

^[27] **Muuzii**

^[26] **Killee**

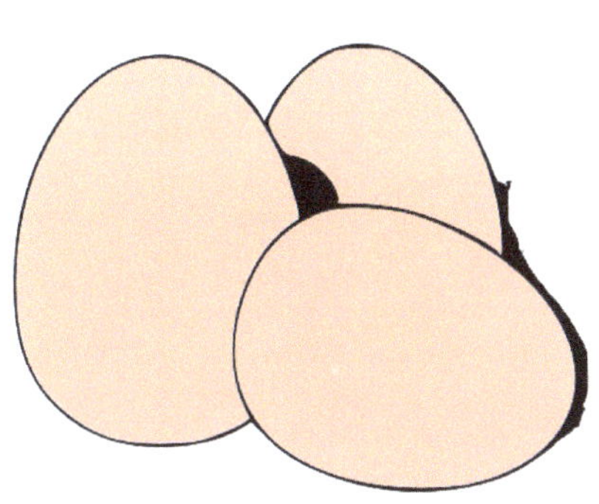

^[28] **Burtukaana**

[29] Adii

[31] Diimaa

[30] Guraacha

[32] Sabbata Waaqayyoo

[33] Gabatee

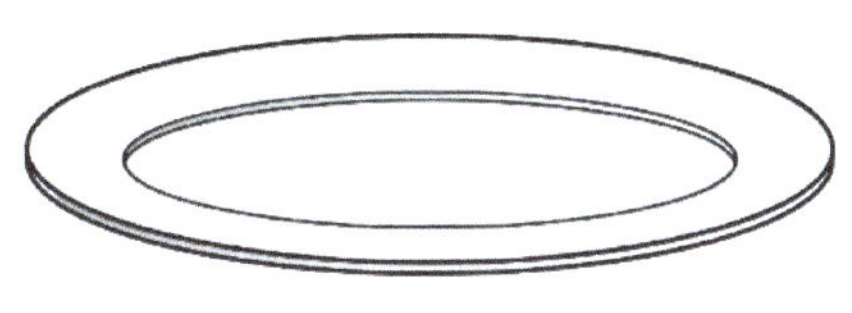

[34] Sa'atii

[35] Mana Dhiqanaa

[36] Fooddaa

[37] Siree

[39] Mana

[38] Ta'umSa

[40] Hulaa

[41] Haxootu

[43] Maallaqa

[42] Bilawwa

[44] Fallaanas

[45] Kophee

[47] Koofiyyaa

[46] Uffata

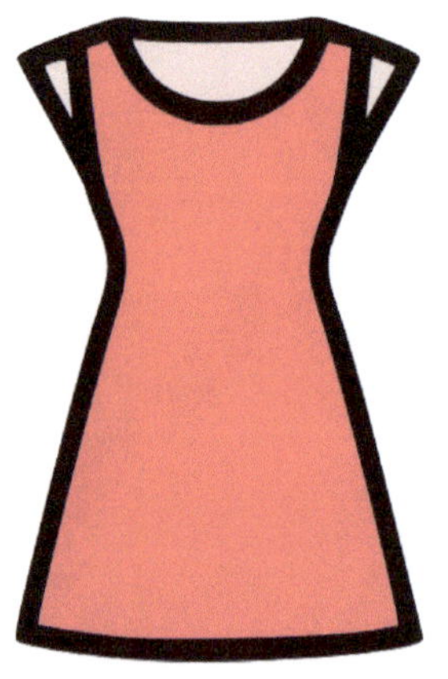

[48] Kofoo

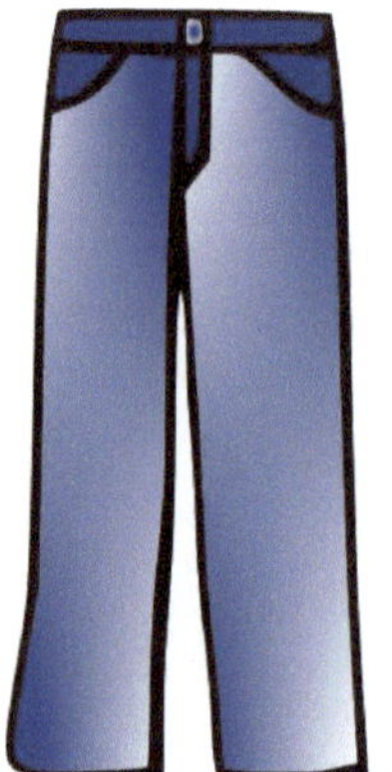

[49] Lafa

[51] Abidda

[50] Muka

[52] Urjii

[53] Biyyoo

[54] Marga

[55] Laga

[56] Abaaboo

[57] Maasi

[59] Dhagaa

[58] Galaana

[60] Karaa

[61] Aduu

[63] Gabaa

[62] Addeessa

[64] Lafa Taphaa

[65] Hospitala

[67] Mana barumsa

[66] Oomisha

[68] Konkolaataa

[69] Xiyyaara

[71] Abbaa

[70] Hobola

[72] Haadha

[73] Ijoollee

[75] Paastara

[74] Qonna Bulaa

[76] Daldalaa

[77] Poolisii

[79] Doktara

[78] Barsiisaa

[80] Abidda dhoorkaa

[81] Mataa

[82] Afaan

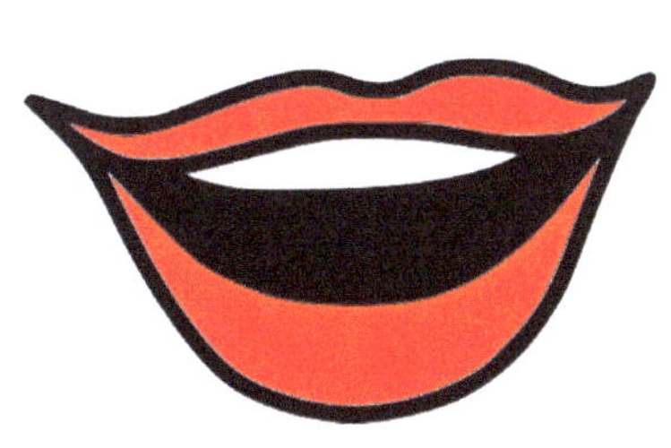

[83] Funyaan

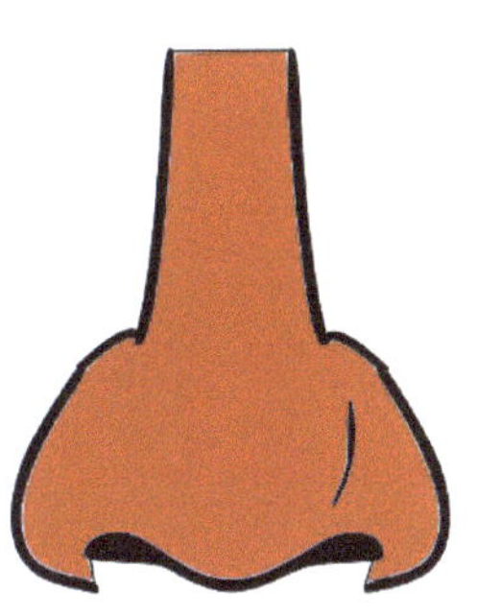

[84] Gurra

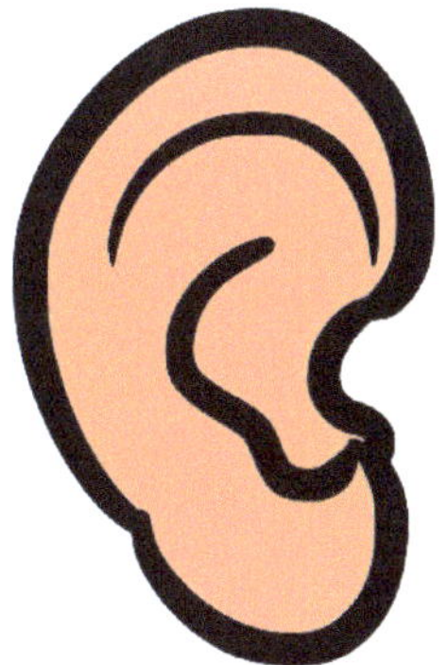

[85] Aja

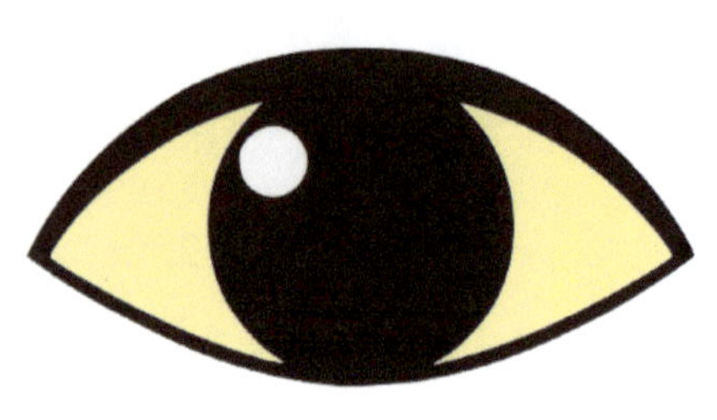

[87] Harka

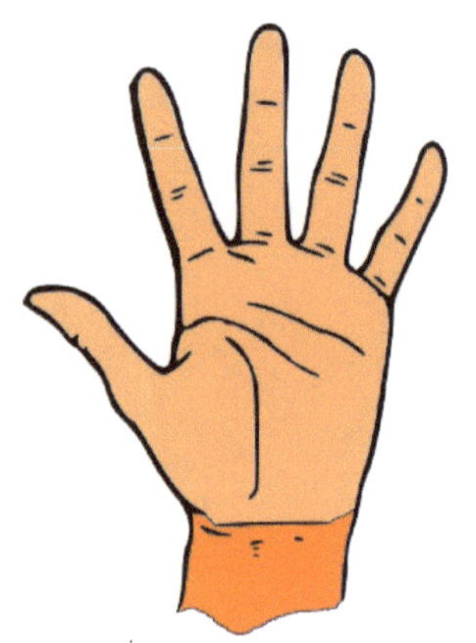

[86] Morma

[88] Milla

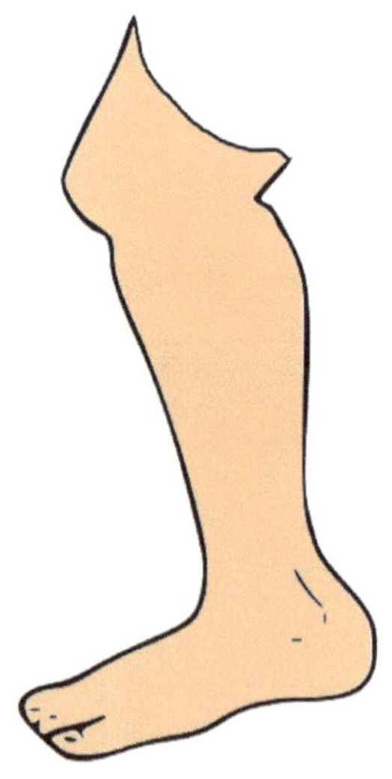

[89] Dugda

[91] Tokko

[90] Garaa

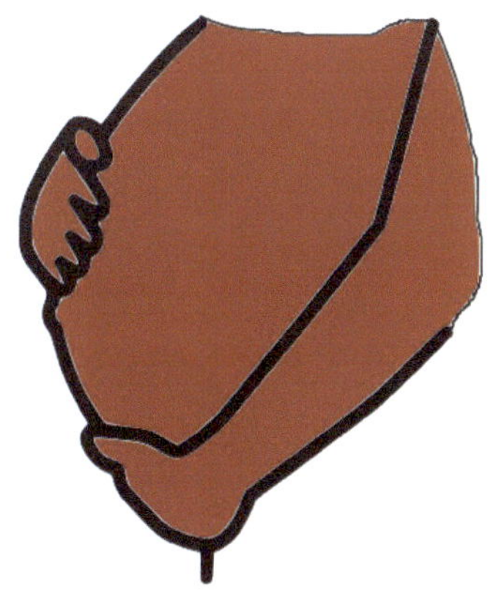

[92] Lama

[93] Sadii

[95] Shan

[94] Afur

[96] Jaha

24

[97] Torba

[99] Sagal

[98] Saddeeti

[100] Kudha

Learn more at

<www.lingohum.com>

Preserving Africa's heritage

through early language learning for kids